JN410605

손삽으로 달을 떠서

손삽으로 달을 떠서

시조집

시 · 김수정

그림 · 이희수

세종출판사

시인의 말

시는 그리움의 고향
손삽으로 달을 떠서
아련한 그곳으로 보낸다.

김수정

| 차례 |

1부

손삽으로 달을 떠서

2부

시와 노래로

3부

나침반 놓아

4부

금, 그 무거운 철학

5부

가득한 빈손

1부

손삽으로 달을 떠서

손삽으로 달을 떠서

산골짝 구석구석 보름달이 앉았네
손삽으로 달을 떠서 너에게로 보내면
우리 님 어두운 그림자 달빛 속에 녹여질까

천치(天癡)

하고픈 밀어들은 빙글빙글 원을 돌고
생각은 말을 쓴고 입술은 빗장을 건다
꽃 피울 고백만 알알이 쟁여놓고 있구나

첫사랑 지우개

아득한 세월 저편 아련한 추억 하나
가끔은 지우개로 지우고도 싶었지만
아무리 문질러봐도 별로 달로 떠오르네

떠돌이 별

내 영육은 머나먼 타향 빛을 캐는 떠돌이 별
마음엔 고향산천 사시사철 아롱지는데
두고 온 본향을 향해 별 하나에 불을 붙이고

꽃바위

폭설도 폭풍우도 흔들지 못하네
그리움 한 자락만 키우며 앉아있네
바위 틈 꽃문을 열고 사랑 한 잎 피웠네

깃털 하나

이곳저곳 바람을 타고
부지런히 날아듭니다
무심코 날려버린 말
못이 되어 박힙니다
세상을
찔러대는 못
어쩌면 나였을까요

기울어지면

세상은 양 날개로 저어가는 빈 하늘
양심이 기울면 악의 씨가 자릴 잡고
사랑이 기울어지면
주체못할 그리움만 커진다

심지가 기울면 그을음만 무성해져
사방 곳곳 깊은 어둠 꼿꼿이 머리 들어
새날은 갈 곳을 잃어
날개를 꺾는다

날개 한 번

길고도 짧은 우리네 삶 죄악은 많고 고백은 적다
오만은 넘쳐나고 겸손은 떠나갔다
꿈 없는 사람들이여
날개 한 번 닦아보자

흐르는 것들

철 들려면 감감한데 세월은 속력을 내고
꽃들도 애타는지 산책길을 깨워놓네
몸단장 다 끝낸 열매 어디로 가려는지

그 길 떠나

의인이 그 길 떠나 죄를 따르면 죽은 삶
악인이 그 길 떠나 참회하면 태어난 삶
정결한 날개 아래서 믿음이여 소생하라

불꽃들

꺼져가는 등불도 사위어 가는 촛불도
끝자락에 시선 꽂고 한없이 바라봅니다
가슴 속 잉걸불 지펴
길 밝히는 그대여

동행

막막하고 요원한 길
홀로 가기 두려워라

그대와 함께 가는
진흙탕길 사막길

한겨울 눈보라 속에서도
봄의 소리 훈훈하다

눈꽃 사랑

파아란 그리움 새털처럼 흩날리네
나뭇가지 가지마다 환한 기별 퍼덕이네
밤 새워 피워놓은 사랑 대낮보다 눈부시네

바닷빛 사연

그즈음 사랑은
물밀 듯 와서 썰물로 갔다
가뭇없는 하늘빛 꿈
바닷빛으로 길어올렸다
그래서 지난 사랑에선
바다냄새 훅 스쳐가는가

2부

시와 노래로

하늘 하늘

사랑하며 용서하고 위로하며 사노라면
짙푸른 어둠도 바위 같은 무거움도
비둘기 날개 깃털로 하늘하늘 날겠네

청포도처럼

영롱한 태양빛에 청포도가 익어간다
우리들 꿈과 소망 알알이 영글어서
곤고한 일터 마음터에 결실 한 자루 담겼으면

첫사랑

어둠의 물결 속을 하염없이 방황할 때
믿음의 첫사랑을 뜨겁게 만났었지
시험의 모난 돌부리
환한 빛이 허물었지

매만지다

구절초 향기로 세상은 환해지고
높푸른 하늘 안고 구월은 달려간다
지구촌 구석 구석을
매만지는 능력자여

참살이

살 만큼 살아온 날들
잡풀만 무성합니다
허세를 뽑아보려
두 손 딛고 엎드립니다
새 생명 거듭나려는
목 마른 몸짓입니다

어머니의 야상곡

우리에게 기도의 물을 주시고
주린 배 움켜잡고 눈물로 키웠네
그 사랑 넓디넓어 오선보도 못 채우네

시와 노래로

시와 노래로
그대를 찬미합니다

머나먼 천국 여정
시와 노래로

내 믿음
정리되기를
두 손 모아 기도합니다

과거를 씻어

낮이 가고 해 기울고 밤이 오고 달이 뜨고
한 치 앞도 모르는데 시간은 거듭되네
무지한 과거를 씻어
새로운 날 맞고 싶네

다짐

세상이 요란하다고 탓하지 않겠어요
흰구름 깃털처럼 순한 맘 피우겠어요
맡은 일 흔들리지 않게 믿음의 방패 다시 세웁니다

마음 다해

말갛게 정갈하게
흰 눈보라 새하얗게

살면서 쌓은 죄
마음 다해 닦고 닦아

온누리 적시는 생수로
새 희망을 열었으면

Time

세월은 연습도없이 왔다가 가버리는가
내꿈은 애만 태우다
산책으로 잠을 깨네
열매도 맺기전 옷 단장하고
어디로 가는지

용서조차

허상의 꿈 떨치지 못해 작은 것 귀함을 모른다
남의 것은 날마다 커지고 내 것은 날마다 작아져
목까지 들이치는 욕심
용서조차 빌지 못한다

태화강에서

태화강 저 정결한 물
먹물 삼아 기록하렵니다

그 깊은 은혜와 자비
무릎 꿇고 새기렵니다

무지함 못내 부끄러워
고개를 떨굽니다

가을날

아침엔 근심 걱정 저녁엔 후회 일색
소슬한 바람 속에 국화향은 깊어가고
결실은 은혜 안에서
나만 홀로 버석이네

3부

나침반 놓아

길 찾아준

넘치는 물질 앞에 권세와 명예 하늘을 날지
얄팍한 행복으로 오만과 자만 널을 뛰지
우리 삶 건져서 닦아
길 찾아준 이 고마운 님

지식보다 지혜

얕고 얕은 지식으로 휩쓸리는 세상만사
가진 것 내세우며 하늘 높음 모르는 자
필요한 지혜를 쌓아 교만치 않게 겸허하게

통로

미움이 길을 막고 절망이 벽이 되어
한 자락 꿈 잃어버린 채 쓰러지고 방황할 때
소망의 통로를 열어
돌아가게 하시네

사랑의 띠

시시각각 사방팔방 마음들이 흩어진다
제각각 생각으로 쪼개지고 나눠져도
십자가 사랑의 띠로
한마음 되어 살아야지

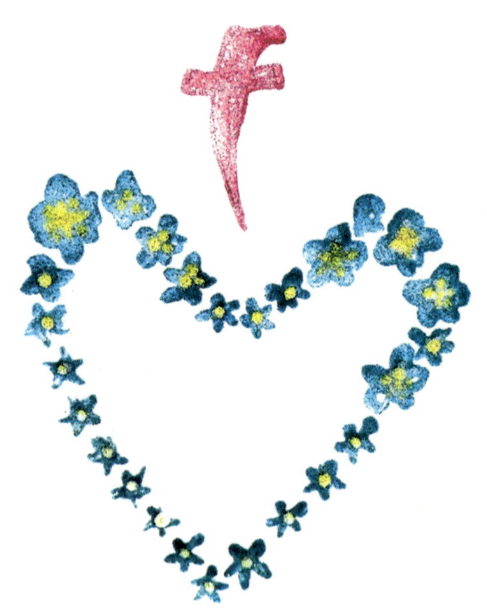

필요합니다

나 자신을 못 믿으니 날마다 죄를 짓고
간절히 구하지 않으니 얻지도 못합니다
이 마음 붙들어주실 그분이 필요합니다

영과 육

몸으로 하는 생각은 죽음과도 같은 것
영으로 하는 생각은 생생한 평안이지
나의 눈 분별심 챙겨
빛을 잃지 않기를

탑 쌓기

모래 한 알 벽돌 한 장 차곡차곡 탑을 쌓는다
햇살 한 잎 바람 한 장 모두가 힘이 된다
이기심 털어버리니
꼭대기가 바로 앞이다

성숙한 사랑

천지에 늘려 있는 많고 많은 사랑들
받기보다 주는 사랑이 성숙한 사랑인데
알면서 기다림만 키우는 부질없는 되풀이

중심

아무도 보지 못하는 깊고 깊은 나의 중심
그 눈빛 내 속을 펴내 속사람이 변합니다
중심을 세워주신 분께 모든 것을 바칩니다

가정의 달에

화왕(花王)도 떠나려는 오월의 끝자락
경배와 찬양으로 감사를 올립니다
환한 꽃 가정마다 피워주신
빛나는 손길이여

십자가의 은혜로

십자가 사이 사이 별들이 총총이네
그 은혜 속 포근히 갇혀사는 이 행복으로
거룩한 말씀의 한 알도 별빛으로 피어나네

허물이여

정결한 기도로 하루는 열리는데
여기저기 발 딛는 곳 거짓들 요란하다
욕망의 노예가 되어
휘청이는 허물이여

묵상의 시간

밤낮 없이 묵상하며 살아가길 원합니다
눈 뜨면 헛된 욕심 귀 열면 남의 얘기
연약한 모순덩어리 변화되길 원합니다

나침반 놓아

고해 같은 삶의 여정 파도 잘 날 없는 날들
갈매기도 몸져 눕는 모진 물살 그 어디쯤
곳곳에 나침반 놓아
안전항해 이끄는 님

4부

금, 그 무거운 철학

옷

옷을 껴입어도
바람이 세어든다

겉옷을 덧입어도
마음의 따뜻함이 없다

무너진 몸과 마음을
믿음으로
입혀보자

아름다운 빈손

세속의 눈을 버리고
아름다운 빈손으로

진실한 인생살이
건축하길 원합니다

의로운
오른손으로
튼실한 집
짓겠습니다

그럴 땐

살다 보면 홍해만큼 널따란 바다 되어
목 놓아 울고 싶을 때 더러 있지요
그럴 땐
소낙비 같은 후련한 말씀 따라갑니다

그 깊은 바다 마른 땅 같은 위로도 되지 못하고
한없는 원망의 물결로 이곳저곳 찌르기만 하지요
그럴 땐
소낙비 같은 후련한 말씀 따라갑니다

해결사

하루를 살아내면 또 하나의 문제가
하나를 해결하면 또 다른 숙제가
고달픈 삶의 문제를 만져주시는 해결사여

금, 그 무거운 철학

세월이 돈배를 타고
흔전만전 놀아나고 있다
음식점에선 돈방석이
손님을 맞아 구미를 돋군다
세상은 비틀거린다
오, 무거운 금의 철학이여

갈팡 질팡

양극단의 싸움질에 애먼 국민 눈이 멀고
여당 야당 당파싸움 가랑이가 찢어진다
언제쯤 모진 희망고문 훌훌 벗고 날아보나

빈 통장

채우고 채워봐도 감질난다 명예와 지식
오른 만큼 가진 만큼 권력은 허망하다
온갖 것 끌어모아 쌓아도 텅 빈 마음 텅 빈 두 손

척

눈에 손에 잡히는 것만 탐하며 삽니다
없으면서 있는 척 있으면서 없는 척
님이여
바리새임들처럼
나만 내세우는 자
되지 않게 하소서

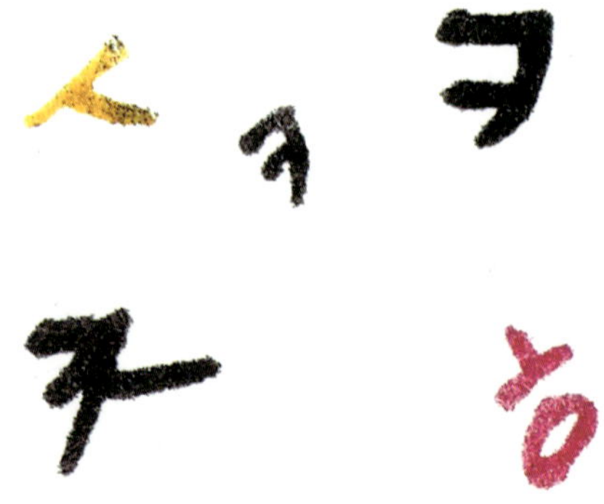

죄와 복

만지면 부서질 듯
질그릇 같은 연약한 생

깃털 같은 죄악에도
번번이 지고 마네

복된 삶
간절하다면
마음부터 강건해야지

그 향기

순전한 믿음 불 같은 믿음 깊은 가난도 떨쳐내지
좌절에서 고통에서 환희를 비춰주지
그 향기 겸손을 채워주고 기다림의 승자로 끌어주지

눈빛들

조금씩 조금씩
건물이 올라간다
모래 한 알
물 한 잔
벽돌 한 장
하나님을 찬양하는
지극한 눈빛들이여

더 겸허하라

한 치 앞을 보지 못하는
참 아둔한 목숨들이
여기 있네
지난날에 발목 잡혀
일어서지 못하는 발걸음이
울고 있네
권세와 명예와 지식을 쫓던
교만한 영혼들이 절룩거리고 있네
더 겸허하고, 더 겸허하라
말씀 한 자락이
나를 감싸고 있네

진실히 흐르면

한 세상 사는 동안 노래와 시구가
고백처럼 진실히 흐르면 좋겠다
험준한 산모퉁이 돌면
기쁨의 샘 만나기를

첫 주일에

만개한 꽃 첫 주일을 열고
새들은 목청 높여 찬미한다

생명의 호흡들은 천지를 들락거리며
그늘 속
탐욕의 시간들
분주히 지워간다

5부

가득한 빈손

따뜻한 손길

흐르지 않는 것은 아무 것도 없다
멈춰 서있는 것은 아무 것도 없다
사방이 향긋한 희망으로 어둠을 걷어낸다

넘어지고 일어서고

배우고 또 배워도 끝내 알 수 없는 것은
구름 속 숨은 비처럼 사는 일과 죽는 일
머언 먼
산바라기하며
넘어지고 일어서고

가득한 빈손

항아리의 절반은
바람으로 채워져 있지
덜 채운 그곳에선
바람이 꿈을 꾸고
손바닥 텅 빈 그곳에선
꽉 찬 소망이 춤을 추지

새해엔

묵은 해 검은 구름들 새 햇살로 사라진다
눈 뜨고도 못 본 은혜 귀 열고도 못 들은 음성
새해엔 눈 귀 바로 열어
평화의 품 만끽하리

여름 소낙비처럼

살다 보면
홍해만큼 넓은 바다로
울고 싶을 때가 있다
그러다
그 깊은 바다가
마른 땅 같은
위로가 되었으면 싶을 때도 있다
언제나 그 무엇에 갈급한 우리는
여름 소낙비처럼
후련하고 달콤한
그 발걸음에
귀 기울이며 산다

가을 길

국화향 자욱한 가을 길을
찬미하며 걸어갑니다
곳곳에 버려진 쓰레기가
가슴을 찔러댑니다
이 세상을 지어 주신 분
자연동산을 내어 주신 분께
면목이 없어지는 아침입니다

바스락거리다

우리들의 죄
흰 눈보다도 더 순결하게 씻겨간다
사람을 믿지 못하고
세상을 믿지 못하여
바스락거리는 가슴들은
그 무엇으로도 적셔지지 않는다
오직 그대의 사랑만이
단비가 되어
서로의 손을 맞잡고
선으로 선으로 적시어 간다

가뭄들다

가뭄든 농토처럼 내 마음도 말라가네
배불러도 안락해도 감사함을 잊고 사네
말씀의 단비 속에서
가뭄은 마음 적셔보네

어린아이 같아야

구름도 바람도 풀냄새 피우는 오월입니다
어린아이 초록으로 지저귀는 봄날입니다
푸르른 어린아이 같아야 갈 수 있는 하늘나라

아멘, 그 절절함이여

끝 간 데 없이 아득한 저 아래로
추락해버린
삶이 있습니다
사랑하는 나의 님은
무력하기 짝이 없는 허물투성이에게
한 줌 가득
아낌없는 빛을 내려 주십니다
우리는 그저
존귀의 꽃다발을 바칠 뿐입니다
아멘

해돋이에서 해넘이까지

해돋이에서 해넘이까지
찬란한 그 빛 만큼
그대를 찬양합니다
고결한 그 빛은
거룩하신 그대의 보혈입니다
때 묻은 세속과
부끄러운 허물은
빛 속으로 사위어 갑니다

눈부신 사명

우매한 이 몸
명철함과 담대함과 형통함으로
충절어린 사역생활
감당하면 좋겠네
넘치는 은혜 속에서
말씀을 섬기며
기도와 찬송과 봉사로
눈부신 사명
감당하면 좋겠네

행복한 구속

십자가에 갇혀 사는
이 삶이 마냥 행복합니다
뜨거운 입김으로 붙들어 준
그 은혜 눈물겹습니다
옛것은 벗어버리고
새 사람으로 거듭나길
소망합니다

세모, 별꽃잔치

한 해는 기울고 별꽃은 만발했네
소망의 별 평화의 별 빛나는 이름표 달고 왔네
피와 살 나눈 겨레여
남과 북 한빛 되기를

언제까지 서로에게 적으로 살 것인가
태산도 세월 가면 평지 되어 손 잡는데
날 세운 나의 겨레여
별빛에 모두 녹기를

순례자

내 몸은 먼 타향에 길을 가는 나그네
마음은 고향산천 사랑의 꿈 옛 생각
영혼은 본향을 향하여 길 가는 순례자

빈손의 바람은

바람이 불러내어 문 열면 간데없고
속삭임만 풀어놓아 나무 가지 흔드는데
그물도 못 잡는 바람 내 마음은 왜 잡히나

사계(四季) 앙상블

제 아무리 강한 겨울도
오는 봄 못 막구나
꽃 봄이 여름을 못 오게 해도
오고야말고
여름이 가을을 핍박해도
낙엽 단장하고
만추로 앙상블 이루네

바다 휴게소

밀물로 덮쳐오는 시간은 막을 길 없고
썰물로 떠나가는 시간을 막을 길 없구나
물처럼 흐르는 세월은 휴게소도 없는가

복 있는 사람

시편 1편
김수정 작곡
HS c

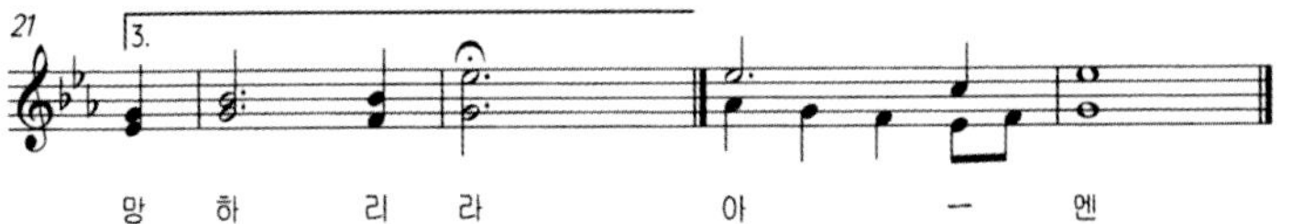

손삽으로 달을 떠서

초판1쇄 발행 2023년 1월 7일

지 은 이 시·김수정, 그림·이희수
작가의 메일 tema117@naver.com
펴 낸 이 이길안
펴 낸 곳 세종출판사

주소 부산광역시 중구 흑교로 71번길 12 (보수동2가)
전화 051-463-5898, 253-2213~5
팩스 051-248-4880
전자우편 sjpl5898@daum.net
출판등록 제02-01-96

ISBN 979-11-5979-563-3 03810

값 12,000원